My Phonics Dictionary

Name _____

Contents

Aa Bb Cc Dd Ee Ff Gg Hh Ii Jj Kk Ll Mm
Nn Oo Pp Qq Rr Ss Tt Uu Vv Ww Xx Yy Zz

The letters Aa, Ee, Ii, Oo and Uu are called **vowels**
All the other letters are called **consonants**.

Page		Page	
	Short vowels		
1-5	a e i o u		
	Beginning Consonant Blends		
6	bl_ cl_ fl_	7	gl_ pl_ sl_
8	br_ cr_ dr_ fr_	9	gr_ pr_ tr_ thr_
10	sc_ sk_ sl_ sm_	11	sn_ sp_ st_ sw_
	Beginning Consonant Digraphs	**Ending Consonant Digraphs**	
12	ch_ sh_ th_ wh_	13	_ch _sh _th _nch _tch
	Ending Consonant Blends		
14	_ck	15	_ll _ss _ff _zz
16	_ld _lf _lk _lp _lt	17	_nd _ng _nk _nt
18	_ft _pt _mp	19	_sk _sp _st
	"Bossy R" Vowels		
20	_ar_ _er_ _ir_ _or_ _ur_		
	Long Vowels		
21	a_e e_e i_e o_e u_e		
	Vowel Digraphs and Diphthongs		
22	_ai_ _ay	23	ee_ _ea_
24	_oa _ow	25	_au_ _aw
26	_ou_ _ow	27	_oi_ _oy
28	_oo_ _oo_	29	_y /i/ _y /e/

crab	flag	man	**a**
grab	snag	plan	
jab	tag	than	
scab	wag	van	
bad	pal	clap	brat
dad	shall	gap	cat
glad	ham	lap	fat
had	jam	map	hat
mad	ram	snap	sat
pad	slam	trap	that
sad	can	wrap	ax
brag	fan	gas	tax
drag	hand	has	wax

My Phonics Dictionary © Edupress

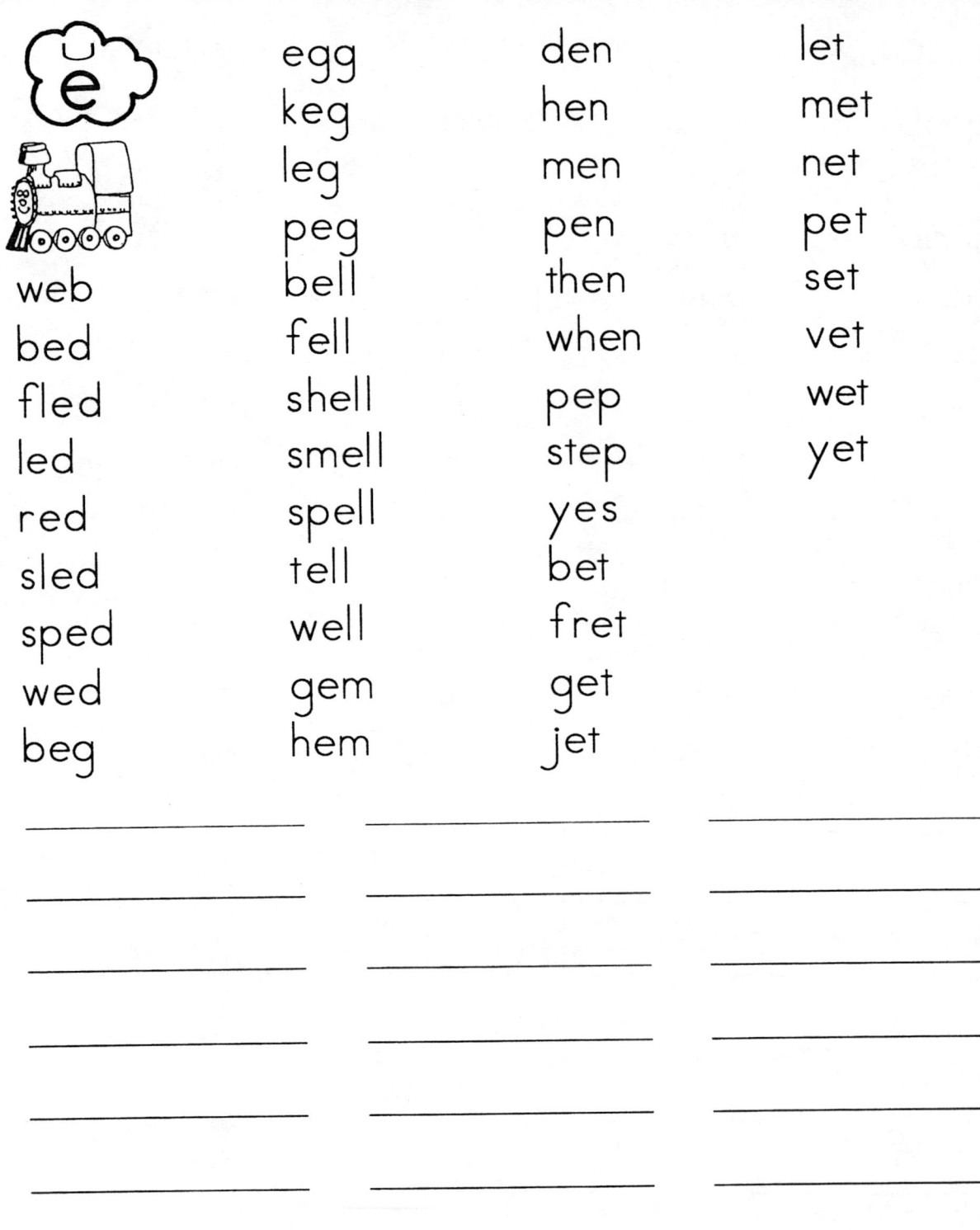

	egg	den	let
	keg	hen	met
	leg	men	net
	peg	pen	pet
web	bell	then	set
bed	fell	when	vet
fled	shell	pep	wet
led	smell	step	yet
red	spell	yes	
sled	tell	bet	
sped	well	fret	
wed	gem	get	
beg	hem	jet	

bib	jig	win	
fib	pig	drip	
rib	rig	flip	
bid	twig	ship	
did	dim	sip	kit
hid	him	skip	pit
kid	rim	rip	quit
lid	swim	trip	skit
skid	in	zip	fix
slid	bin	his	mix
big	fin	bit	six
dig	pin	fit	quiz
fig	twin	hit	whiz

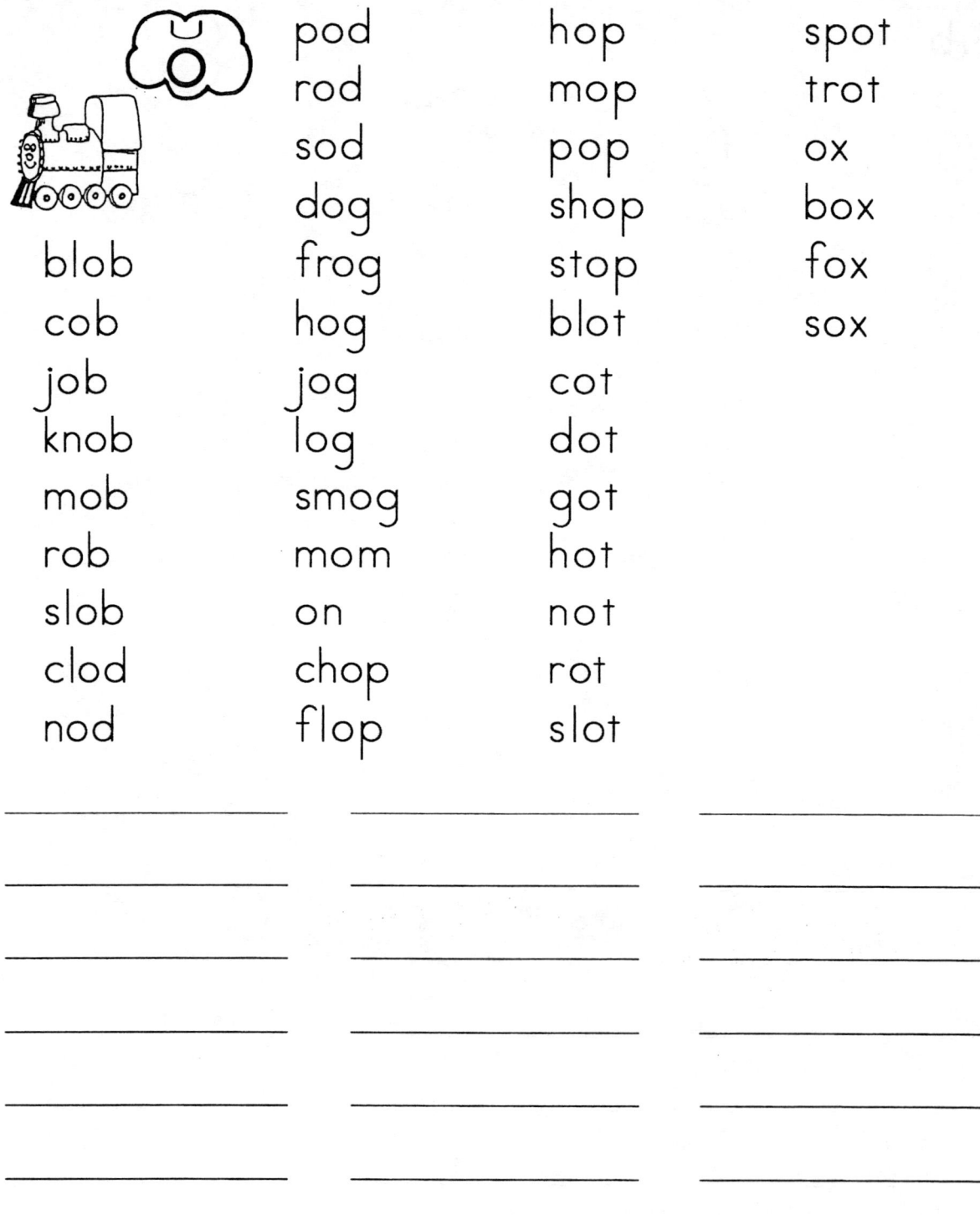

	pod	hop	spot
	rod	mop	trot
	sod	pop	ox
	dog	shop	box
blob	frog	stop	fox
cob	hog	blot	sox
job	jog	cot	
knob	log	dot	
mob	smog	got	
rob	mom	hot	
slob	on	not	
clod	chop	rot	
nod	flop	slot	

club	jug	slum	
flub	mug	sum	
grub	plug	bun	
rub	rug	fun	
scrub	slug	gun	bus
snub	snug	nun	but
bud	tug	run	cut
dud	bum	spun	hut
mud	chum	stun	nut
suds	drum	up	rut
tub	gum	cup	shut
bug	hum	pup	strut
dug	plum	us	

bl_   cl_   fl_

bl_		cl_		fl_	
blab	blind	clam	climb	flag	float
black	blob	clap	clip	flap	flock
blade	block	class	clock	flash	flood
blame	blond	claw	close	flat	floor
blank	bloom	clay	cloth	flea	flop
blast	blot	clean	clothes	flew	floss
bleed	blow	clear	cloud	flick	fluff
blend	blue	click	club	flight	flute
blew	blur	cliff	clue	flip	fly

gl_ pl_ sl_

gl_		pl_		sl_	
glad	globe	place	please	slab	slice
glade	gloom	plain	plop	slack	slick
glance	gloss	plan	plot	slam	slide
glare	glove	plane	plow	slant	slight
glass	glow	planet	pluck	slave	slim
glaze	glue	plank	plug	sled	slip
gleam	glum	plant	plum	sleep	slope
glee	glut	plate	plus	sleet	slot
glide		play	ply	sleeve	sly

br_ cr_ dr_ fr_

br_	cr_	dr_	fr_
brag	crab	drag	free
branch	crack	draw	fresh
brat	crash	dream	Friday
bread	cream	dress	friend
break	creep	drink	fright
bring	crib	drip	frog
broom	cross	drive	from
brown	crow	droop	front
brush	cry	drum	fruit

gr___ pr___ tr___ thr___

gr	pr	tr	thr
grab	pray	track	thrash
grade	press	train	thread
grapes	pretty	trap	threat
grass	price	tree	three
gray	prince	trick	threw
great	print	trip	thrifty
green	prize	truck	throat
ground	problem	truly	throb
grow	prune	try	throw

sc_	sk_	sl_	sm_
scale	skate	slam	small
scare	ski	slant	smart
scat	skid	sled	smash
school	skin	sleep	smear
scoop	skip	sleeve	smell
score	skirt	slice	smile
scout	skull	slide	smog
screen	skunk	slope	smoke
scrub	sky	slow	smooth

sn_   sp_   st_   sw_

sn_	sp_	st_	sw_
snack	space	stand	swan
snail	speak	star	swarm
snake	speed	stay	swat
snap	spell	step	sway
sniff	spend	stick	sweep
snip	spider	still	sweet
snoop	spin	stop	swim
snore	spoon	store	swing
snow	spot	story	swoop

ch_ sh_ th_ wh_

ch	sh	th	wh
chair	shall	that	what
chance	shed	their	wheel
change	shell	them	when
check	shin	then	where
chick	ship	there	which
chill	shock	these	while
chin	shoe	they	white
chip	shop	think	whiz
church	shut	this	why

_ch  _sh _th  _nch _tch

_ch	_sh	_th	_nch	_tch
each	ash	bath	ranch	batch
teach	crash	math	bench	catch
rich	dash	path	drench	hatch
which	flash	with	inch	match
inch	dish	cloth	flinch	snatch
pinch	fish	broth	bunch	itch
ouch	wish	tooth	lunch	ditch
much	blush		munch	pitch
such	brush		punch	witch

_ck

black	track	slick	sock
crack	whack	stick	cluck
knack	deck	thick	duck
lack	neck	trick	luck
pack	peck	wick	pluck
quack	wreck	block	stuck
rack	brick	clock	truck
snack	chick	dock	
tack	click	flock	
	kick	knock	
	pick	mock	
	quick	rock	
	sick	shock	

_ll   _ss   _ff

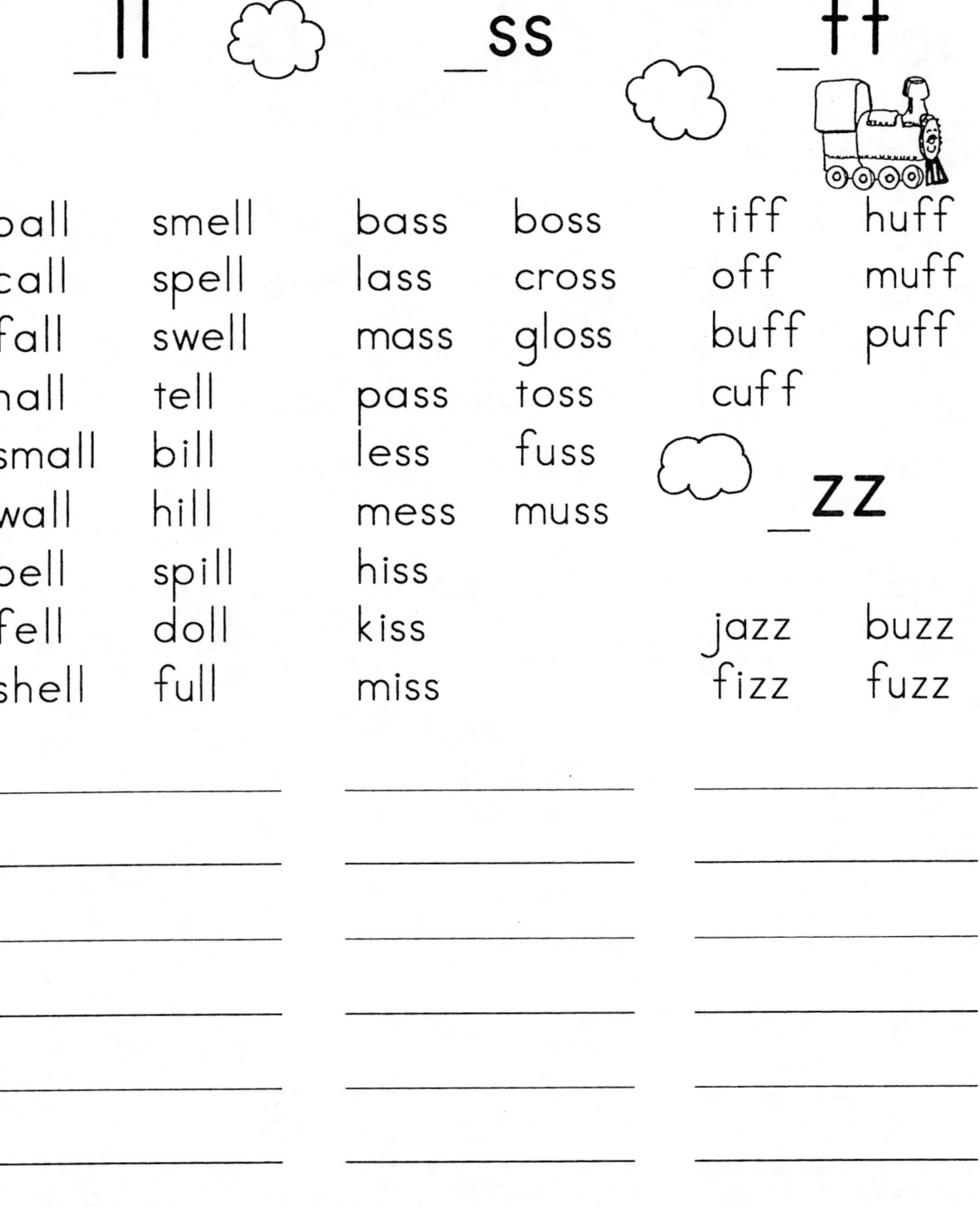

ball	smell	bass	boss	tiff	huff
call	spell	lass	cross	off	muff
fall	swell	mass	gloss	buff	puff
hall	tell	pass	toss	cuff	
small	bill	less	fuss		
wall	hill	mess	muss		
bell	spill	hiss			
fell	doll	kiss		jazz	buzz
shell	full	miss		fizz	fuzz

_zz

_ld _lf _lk -lp _lt

_ld	_lf	_lk	_lp	_lt
bald	elf	elk	scalp	belt
mild	self	milk	help	felt
wild	shelf	silk	kelp	melt
old	golf	yolk	yelp	pelt
bold	gulf	bulk	gulp	welt
cold		hulk	pulp	quilt
fold		sulk		tilt
hold				wilt
told				

_nd _ng _nk _nt

_nd	_ng	_nk	_nt
and	bang	blank	ant
land	rang	drank	pants
end	bring	thank	bent
bend	spring	blink	spent
lend	string	stink	went
send	thing	think	hint
wind	song	honk	print
pond	wrong	chunk	bunt
fund	hung	skunk	hunt

_ft _pt _mp

_ft	_pt	_mp	
craft	rapt	camp	stomp
draft	crept	damp	tromp
raft	kept	lamp	bump
shaft	slept	ramp	dump
cleft	wept	stamp	hump
heft		blimp	jump
left		chimp	lump
theft		limp	pump
tuft		romp	rump

_sk  _sp  _st

ask	whisk	clasp	cast	rest
bask	dusk	gasp	fast	vest
cask	husk	grasp	last	west
mask	tusk	wasp	mast	fist
task		crisp	past	list
desk		crispy	best	mist
disk		lisp	jest	cost
brisk			nest	lost
frisk			pest	must

__ ar __	__ er __	__ ir __	__ or __	__ ur __
card	fern	bird	born	burn
dark	herd	birth	fork	church
farm	jerk	dirt	horn	curb
hard	perch	first	horse	curl
jar	serve	girl	north	hurt
march	stern	shirt	port	nurse
part	term	squirt	short	purr
shark	verb	thirst	storm	spur
star	were	whirl	thorn	turn

a_e   e_e   i_e   o_e   u_e

face	theme	price	code	cute
race	scene	twice	broke	fuse
shade	these	slide	choke	mule
bake	eve	bike	joke	duke
make		like	smoke	flute
name		dime	pole	June
ate		nine	home	prune
cave		kite	nose	rule
wave		five	wrote	tune

My Phonics Dictionary © Edupress

__āi__

	explain	praise
	faint	raid
	gain	rainy
	jail	raise
afraid	main	snail
aim	nail	sprain
bait	paid	trail
brain	pail	train
chain	painter	waist
daisy	plain	waiter

__āy__

	hay	tray
	jay	way
	lay	x-ray
	maybe	
away	player	
bay	pray	
birthday	say	
clay	stay	
crayon	sway	
gray	today	

22 My Phonics Dictionary © Edupress

ee

bee	screech	
bleed	screen	
cheese	see	
free	sleep	
geese	sneeze	teeth
green	speech	three
heel	speedy	tree
meet	squeeze	week
needle	street	wheel
queen	sweet	wheeze

ea

beak	heave	
cheat	jeans	
clean	leap	
cream	mean	
deal	neat	steal
easy	peach	teacher
feast	read	tease
flea	really	treat
gleam	sea	weak
grease	seat	yeast

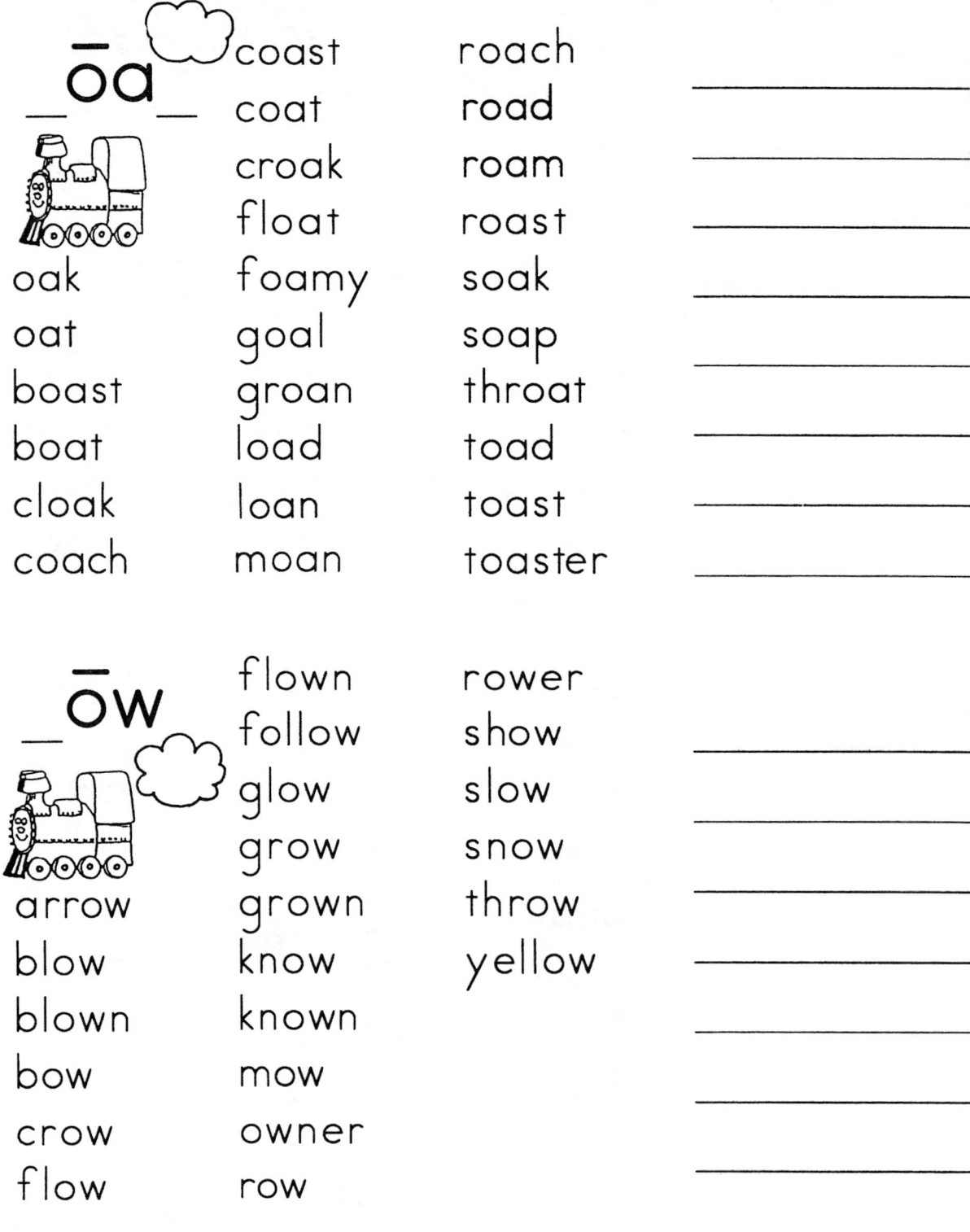

ōa

oak
oat
boast
boat
cloak
coach

coast
coat
croak
float
foamy
goal
groan
load
loan
moan

roach
road
roam
roast
soak
soap
throat
toad
toast
toaster

ōw

arrow
blow
blown
bow
crow
flow

flown
follow
glow
grow
grown
know
known
mow
owner
row

rower
show
slow
snow
throw
yellow

_au_

August, faucet
author, fault
auto, fraud
autumn, gauze
because, haul, sauce
caught, haunt, sausage
cause, jaunt, taught
caution, launch, vault
daughter, laundry
dinosaur, naughty

_aw

awe, hawk
awl, law
bawl, lawn
claw, paw
crawl, pawn, straw
dawn, saw, tawny
draw, scrawl, thaw
fawn, shawl, yawn
flaw, slaw
gnaw, squawk

_ou_

	found	pouch
	ground	pound
	hound	proud
	house	round
about	loud	scout
around	mouse	shout
bound	mouth	sound
cloud	ouch	sour
couch	our	south
count	out	spout

_ow_

	crowd	now
	crown	owl
	down	plow
	drown	power
bow	flower	prowl
brow	frown	shower
brown	gown	towel
chow	growl	tower
clown	how	town
cow	howl	vowel

_oi_

boil	joint	
broil	moist	
broiler	noise	
choice	noisy	
coil	oil	spoil
coin	oily	toil
doily	oink	voice
foil	point	void
join	soil	

_oy

annoy	joy
boy	joyful
corduroy	joyous
cowboy	loyal
coy	ploy
decoy	royal
destroy	soy
employ	toy
enjoy	voyage

oō

bloom
broom
choose
cool
droop
food
gloom
goose
loop
loose
mood
noon
pool
roof
room
school
scoop
shoot
smooth
snoop
soon
spoon
stoop
tool
tooth
zoo

oo

book
brook
cook
cookie
crook
foot
good
hood
hoof
hook
look
nook
shook
soot
stood
took
wood
wool

/ī/ —y

apply
buy
by
bye
cry
deny
dry
fry

July
my
pry
reply
rye
shy
sky
sly

spy
try
why

/ē/ —y

any
body
bossy
bumpy
copy
crunchy
daddy
empty
fussy
grumpy

happy
hilly
jelly
jolly
jumpy
many
merry
messy
mommy
muddy

plenty
pretty
silly
tummy
ugly
very